YARN OVER

To make a yarn over, loop the yarn around the needle in the same direction that you would to knit or purl a stitch, then move it either to the front or back so that it will be in the position to work the next stitch, creating a new stitch on the needle.

Bring the yarn forward **between** the needles, then back **over** the top of the right hand needle, so that it is now in position to knit the next stitch **(Fig. 2)**.

Fig. 2

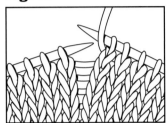

KNIT 2 TOGETHER
(abbreviated K2 tog)

Insert the right needle into the **front** of the first two stitches on the left needle as if to **knit** **(Fig. 3)**, then **knit** them together as if they were one stitch.

Fig. 3

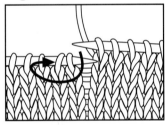

KNIT 3 TOGETHER
(abbreviated K3 tog)

Insert the right needle into the **front** of the first three stitches on the left needle as if to **knit** **(Fig. 4)**, then **knit** them together as if they were one stitch.

Fig. 4

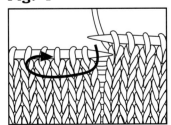

SLIP, SLIP, KNIT
(abbreviated SSK)

With yarn in back of work, separately slip two stitches as if to **knit** **(Fig. 5a)**. Insert the **left** needle into the **front** of both slipped stitches **(Fig. 5b)** and knit them together **(Fig. 5c)**.

Fig. 5a

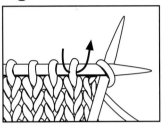

Fig. 5b

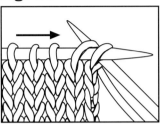

Fig. 5c

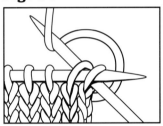

SLIP 1, KNIT 2 TOGETHER, PASS SLIPPED STITCH OVER
(abbreviated slip 1, K2 tog, PSSO)

Slip one stitch as if to **knit** **(Fig. 6a)**, then knit the next two stitches together **(Fig. 3)**. With the left needle, bring the slipped stitch over the stitch just made **(Fig. 6b)** and off the needle.

Fig. 6a

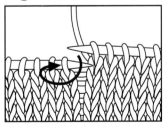

Fig. 6b

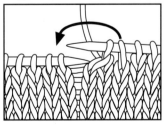

MATERIALS

100% Cotton Worsted Weight Yarn:
50-75 yards (45.5-68.5 meters) for **each** Dishcloth
Straight knitting needles, size 8 (5 mm) **or** size needed for gauge
Yarn needle

GAUGE: In Garter Stitch, 4 sts = 1" (2.5 cm)

1. SPLISH-SPLASH

Shown on Front Cover.

Finished Size: 9" (23 cm) square

Dishcloth is knit diagonally, from one corner to the opposite corner.

DISHCLOTH

Cast on 3 sts.

Row 1: Knit across.

Row 2: K1, increase *(Figs. 1a & b, page 1)*, K1: 4 sts.

Row 3: K2, YO *(Fig. 2, page 2)*, K2: 5 sts.

Row 4 AND ALL EVEN ROWS THRU ROW 86: Knit across.

Row 5: K2, YO, K1, YO, K2: 7 sts.

Row 7: K2, YO, K3, YO, K2: 9 sts.

Row 9: K2, YO, K5, YO, K2: 11 sts.

Row 11: K2, YO, K1, K2 tog *(Fig. 3, page 2)*, YO, K1, YO, SSK *(Figs. 5a-c, page 2)*, K1, YO, K2: 13 sts.

Row 13: K2, YO, K1, K2 tog, YO, K3, YO, SSK, K1, YO, K2: 15 sts.

Row 15: K2, YO, K4, YO, [slip 1, K2 tog, PSSO *(Figs. 6a & b, page 2)*], YO, K4, YO, K2: 17 sts.

Row 17: K2, YO, K 13, YO, K2: 19 sts.

Row 19: K2, YO, K 15, YO, K2: 21 sts.

Row 21: K2, YO, K1, K2 tog, YO, K1, YO, SSK, K5, K2 tog, YO, K1, YO, SSK, K1, YO, K2: 23 sts.

Row 23: K2, YO, K1, K2 tog, YO, K3, YO, SSK, K3, K2 tog, YO, K3, YO, SSK, K1, YO, K2: 25 sts.

Row 25: K2, YO, K4, YO, slip 1, K2 tog, PSSO, YO, K7, YO, slip 1, K2 tog, PSSO, YO, K4, YO, K2: 27 sts.

Row 27: K2, YO, K 23, YO, K2: 29 sts.

Row 29: K2, YO, K 25, YO, K2: 31 sts.

Row 31: K2, YO, K1, K2 tog, YO, K1, YO, SSK, (K5, K2 tog, YO, K1, YO, SSK) twice, K1, YO, K2: 33 sts.

Row 33: K2, YO, K1, K2 tog, YO, K3, YO, SSK, (K3, K2 tog, YO, K3, YO, SSK) twice, K1, YO, K2: 35 sts.

Row 35: K2, YO, K4, YO, slip 1, K2 tog, PSSO, (YO, K7, YO, slip 1, K2 tog, PSSO) twice, YO, K4, YO, K2: 37 sts.

Row 37: K2, YO, K 33, YO, K2: 39 sts.

Row 39: K2, YO, K 35, YO, K2: 41 sts.

Row 41: K2, YO, K1, K2 tog, YO, K1, YO, SSK, (K5, K2 tog, YO, K1, YO, SSK) 3 times, K1, YO, K2: 43 sts.

Row 43: K2, YO, K1, K2 tog, YO, K3, YO, SSK, (K3, K2 tog, YO, K3, YO, SSK) 3 times, K1, YO, K2: 45 sts.

Row 45: K1, SSK, YO, SSK, K1, YO, slip 1, K2 tog, PSSO, (YO, K7, YO, slip 1, K2 tog, PSSO) 3 times, YO, K1, K2 tog, YO, K2 tog, K1: 43 sts.

Row 47: K1, SSK, YO, SSK, K 33, K2 tog, YO, K2 tog, K1: 41 sts.

Row 49: K1, SSK, YO, SSK, K 31, K2 tog, YO, K2 tog, K1: 39 sts.

Row 51: K1, SSK, YO, SSK, K2, K2 tog, YO, K1, YO, SSK, (K5, K2 tog, YO, K1, YO, SSK) twice, K2, K2 tog, YO, K2 tog, K1: 37 sts.

Row 53: K1, SSK, YO, SSK, K2 tog, YO, K3, YO, SSK, (K3, K2 tog, YO, K3, YO, SSK) twice, K2 tog, YO, K2 tog, K1: 35 sts.

Row 55: K1, SSK, YO, SSK, K1, YO, slip 1, K2 tog, PSSO, (YO, K7, YO, slip 1, K2 tog, PSSO) twice, YO, K1, K2 tog, YO, K2 tog, K1: 33 sts.

Row 57: K1, SSK, YO, SSK, K 23, K2 tog, YO, K2 tog, K1: 31 sts.

Row 59: K1, SSK, YO, SSK, K 21, K2 tog, YO, K2 tog, K1: 29 sts.

Row 61: K1, SSK, YO, SSK, K2, K2 tog, YO, K1, YO, SSK, K5, K2 tog, YO, K1, YO, SSK, K2, K2 tog, YO, K2 tog, K1: 27 sts.

Row 63: K1, SSK, YO, SSK, K2 tog, YO, K3, YO, SSK, K3, K2 tog, YO, K3, YO, SSK, K2 tog, YO, K2 tog, K1: 25 sts.

Row 65: K1, SSK, YO, SSK, K1, YO, slip 1, K2 tog, PSSO, YO, K7, YO, slip 1, K2 tog, PSSO, YO, K1, K2 tog, YO, K2 tog, K1: 23 sts.

Row 67: K1, SSK, YO, SSK, K 13, K2 tog, YO, K2 tog, K1: 21 sts.

Row 69: K1, SSK, YO, SSK, K 11, K2 tog, YO, K2 tog, K1: 19 sts.

Row 71: K1, SSK, YO, SSK, K2, K2 tog, YO, K1, YO, SSK, K2, K2 tog, YO, K2 tog, K1: 17 sts.

Row 73: K1, SSK, YO, SSK, K2 tog, YO, K3, YO, SSK, K2 tog, YO, K2 tog, K1: 15 sts.

Row 75: K1, SSK, YO, SSK, K1, YO, slip 1, K2 tog, PSSO, YO, K1, K2 tog, YO, K2 tog, K1: 13 sts.

Row 77: K1, SSK, YO, SSK, K3, K2 tog, YO, K2 tog, K1: 11 sts.

Row 79: K1, SSK, YO, SSK, K1, K2 tog, YO, K2 tog, K1: 9 sts.

Row 81: K1, SSK, YO, slip 1, K2 tog, PSSO, YO, K2 tog, K1: 7 sts.

Row 83: K1, SSK, YO, K3 tog *(Fig. 4, page 2)*, K1: 5 sts.

Row 85: K1, slip 1, K2 tog, PSSO, K1: 3 sts.

Bind off all sts in **knit**.

2. RUB & SCRUB

Shown on Back Cover.

Finished Size: 9" (23 cm) square

Dishcloth is knit diagonally, from one corner to the opposite corner.

DISHCLOTH

Cast on 3 sts.

Row 1: Knit across.

Row 2: K1, increase *(Figs. 1a & b, page 1)*, K1: 4 sts.

Row 3: K2, YO *(Fig. 2, page 2)*, K2: 5 sts.

Row 4 AND ALL EVEN ROWS THRU ROW 86: Knit across.

Row 5: K2, YO, K1, YO, K2: 7 sts.

Row 7: K2, YO, K3, YO, K2: 9 sts.

Row 9: K2, YO, K5, YO, K2: 11 sts.

Row 11: K2, YO, K2, K2 tog *(Fig. 3, page 2)*, YO, K3, YO, K2: 13 sts.

Row 13: K2, YO, K2, K2 tog, YO, K1, YO, SSK *(Figs. 5a-c, page 2)*, K2, YO, K2: 15 sts.

Row 15: K2, YO, K4, K2 tog, YO, K5, YO, K2: 17 sts.

Row 17: K2, YO, K2, K2 tog, YO, K4, K2 tog, YO, K3, YO, K2: 19 sts.

Row 19: K2, YO, K2, K2 tog, YO, K1, YO, SSK, K1, K2 tog, YO, K1, YO, SSK, K2, YO, K2: 21 sts.

Row 21: K2, (YO, K4, K2 tog) twice, YO, K5, YO, K2: 23 sts.

Row 23: K2, YO, K2, K2 tog, (YO, K4, K2 tog) twice, YO, K3, YO, K2: 25 sts.

Row 25: K2, YO, K2, K2 tog, YO, K1, YO, SSK, (K1, K2 tog, YO, K1, YO, SSK) twice, K2, YO, K2: 27 sts.

Row 27: K2, (YO, K4, K2 tog) 3 times, YO, K5, YO, K2: 29 sts.

Row 29: K2, YO, K2, K2 tog, (YO, K4, K2 tog) 3 times, YO, K3, YO, K2: 31 sts.

Row 31: K2, YO, K2, K2 tog, YO, K1, YO, SSK, (K1, K2 tog, YO, K1, YO, SSK) 3 times, K2, YO, K2: 33 sts.

Row 33: K2, (YO, K4, K2 tog) 4 times, YO, K5, YO, K2: 35 sts.

Row 35: K2, YO, K2, K2 tog, (YO, K4, K2 tog) 4 times, YO, K3, YO, K2: 37 sts.

Row 37: K2, YO, K2, K2 tog, YO, K1, YO, SSK, (K1, K2 tog, YO, K1, YO, SSK) 4 times, K2, YO, K2: 39 sts.

Row 39: K2, (YO, K4, K2 tog) 5 times, YO, K5, YO, K2: 41 sts.

Row 41: K2, YO, K2, K2 tog, (YO, K4, K2 tog) 5 times, YO, K3, YO, K2: 43 sts.

Row 43: K2, YO, K2, K2 tog, YO, K1, YO, SSK, (K1, K2 tog, YO, K1, YO, SSK) 5 times, K2, YO, K2: 45 sts.

Row 45: K1, SSK, YO, SSK, K1, K2 tog, (YO, K4, K2 tog) 5 times, YO, K2, K2 tog, YO, K2 tog, K1: 43 sts.

Row 47: K1, SSK, YO, SSK, K3, K2 tog, (YO, K4, K2 tog) 5 times, YO, K2, K2 tog, K1: 41 sts.

Row 49: K1, SSK, YO, SSK, K1, K2 tog, (YO, K1, YO, SSK, K1, K2 tog) 5 times, YO, K2, K2 tog, K1: 39 sts.

Row 51: K1, SSK, YO, SSK, K1, K2 tog, (YO, K4, K2 tog) 4 times, YO, K2, K2 tog, YO, K2 tog, K1: 37 sts.

Row 53: K1, SSK, YO, SSK, K3, K2 tog, (YO, K4, K2 tog) 4 times, YO, K2 tog, K1: 35 sts.

Row 55: K1, SSK, YO, SSK, K1, K2 tog, (YO, K1, YO, SSK, K1, K2 tog) 4 times, YO, K2 tog, K1: 33 sts.

Row 57: K1, SSK, YO, SSK, K1, K2 tog, (YO, K4, K2 tog) 3 times, YO, K2, K2 tog, YO, K2 tog, K1: 31 sts.

Row 59: K1, SSK, YO, SSK, K3, K2 tog, (YO, K4, K2 tog) 3 times, YO, K2 tog, K1: 29 sts.

Row 61: K1, SSK, YO, SSK, K1, K2 tog, (YO, K1, YO, SSK, K1, K2 tog) 3 times, YO, K2 tog, K1: 27 sts.

Row 63: K1, SSK, YO, SSK, K1, K2 tog, (YO, K4, K2 tog) twice, YO, K2, K2 tog, YO, K2 tog, K1: 25 sts.

Row 65: K1, SSK, YO, SSK, K3, K2 tog, (YO, K4, K2 tog) twice, YO, K2 tog, K1: 23 sts.

Row 67: K1, SSK, YO, SSK, K1, K2 tog, (YO, K1, YO, SSK, K1, K2 tog) twice, YO, K2 tog, K1: 21 sts.

Row 69: K1, SSK, YO, SSK, K1, K2 tog, YO, K4, K2 tog, YO, K2, K2 tog, YO, K2 tog, K1: 19 sts.

Row 71: K1, SSK, YO, SSK, K3, K2 tog, YO, K4, K2 tog, YO, K2 tog, K1: 17 sts.

Row 73: K1, SSK, YO, SSK, K1, K2 tog, YO, K1, YO, SSK, K1, K2 tog, YO, K2 tog, K1: 15 sts.

Row 75: K1, SSK, YO, SSK, K1, K2 tog, YO, K2, K2 tog, YO, K2 tog, K1: 13 sts.

Row 77: K1, SSK, YO, SSK, K3, K2 tog, YO, K2 tog, K1: 11 sts.

Row 79: K1, SSK, YO, SSK, K1, K2 tog, YO, K2 tog, K1: 9 sts.

Row 81: K1, SSK, YO, [slip 1, K2 tog, PSSO *(Figs. 6a & b, page 2)*], YO, K2 tog, K1: 7 sts.

Row 83: K1, SSK, YO, K3 tog *(Fig. 4, page 2)*, K1: 5 sts.

Row 85: K1, slip 1, K2 tog, PSSO, K1: 3 sts.

Bind off remaining sts in **knit**.

3. SOAP 'EM UP

Shown on Front Cover.

Finished Size: 9" (23 cm) square

DISHCLOTH

Cast on 37 sts.

Rows 1 and 2: Knit across.

Row 3: K4, K2 tog *(Fig. 3, page 2)*, YO *(Fig. 2, page 2)*, K1, YO, SSK *(Figs. 5a-c, page 2)*, (K1, K2 tog, YO, K1, YO, SSK) 4 times, K4.

Row 4 AND ALL EVEN ROWS THRU ROW 58: Knit across.

Rows 5 and 7: K3, K2 tog, YO, K3, ★ YO, [slip 1, K2 tog, PSSO *(Figs. 6a & b, page 2)*], YO, K3; repeat from ★ 3 times **more**, YO, SSK, K3.

Row 9: K5, YO, slip 1, K2 tog, PSSO, ★ YO, K3, YO, slip 1, K2 tog, PSSO; repeat from ★ 3 times **more**, YO, K5.

Row 11: Knit across.

Row 13: K2, K2 tog, YO, K1, YO, SSK, K 23, K2 tog, YO, K1, YO, SSK, K2.

Rows 15 and 17: K1, K2 tog, YO, K3, YO, SSK, K 21, K2 tog, YO, K3, YO, SSK, K1.

Row 19: K3, YO, slip 1, K2 tog, PSSO, YO, K 25, YO, slip 1, K2 tog, PSSO, YO, K3.

Row 21: Knit across.

Rows 23-52: Repeat Rows 13-22, 3 times.

Row 53: K4, K2 tog, YO, K1, YO, SSK, (K1, K2 tog, YO, K1, YO, SSK) 4 times, K4.

Rows 55 and 57: K3, K2 tog, YO, K3, ★ YO, slip 1, K2 tog, PSSO, YO, K3; repeat from ★ 3 times **more**, YO, SSK, K3.

Row 59: K5, YO, slip 1, K2 tog, PSSO, ★ YO, K3, YO, slip 1, K2 tog, PSSO; repeat from ★ 3 times **more**, YO, K5.

Rows 60 and 61: Knit across.

Bind off all sts in **knit**.

4. PUT IN ORDER

Shown on Front Cover.

Finished Size: 9" (23 cm) square

Dishcloth is knit diagonally, from one corner to the opposite corner.

DISHCLOTH

Cast on 3 sts.

Row 1: Knit across.

Row 2: K1, increase *(Figs. 1a & b, page 1)*, K1: 4 sts.

Row 3: K2, YO *(Fig. 2, page 2)*, K2: 5 sts.

Row 4 AND ALL EVEN ROWS THRU ROW 86: Knit across.

Row 5: K2, YO, K1, YO, K2: 7 sts.

Row 7: K2, YO, K3, YO, K2: 9 sts.

Row 9: K2, YO, K5, YO, K2: 11 sts.

Row 11: K2, YO, K7, YO, K2: 13 sts.

Row 13: K2, YO, K9, YO, K2: 15 sts.

Row 15: (K2, YO) twice, SSK *(Figs. 5a-c, page 2)*, YO, [slip 1, K2 tog, PSSO *(Figs. 6a & b, page 2)*], YO, K2 tog *(Fig. 3, page 2)*, (YO, K2) twice: 17 sts.

Row 17: K2, YO, K4, YO, SSK, K1, K2 tog, YO, K4, YO, K2: 19 sts.

Row 19: K2, YO, K6, YO, slip 1, K2 tog, PSSO, YO, K6, YO, K2: 21 sts.

Row 21: K2, YO, K7, K2 tog, YO, K8, YO, K2: 23 sts.

Row 23: K2, YO, K7, K2 tog, YO, K1, YO, SSK, K7, YO, K2: 25 sts.

Row 25: K2, YO, K7, K2 tog, YO, K3, YO, SSK, K7, YO, K2: 27 sts.

Row 27: K2, YO, K7, K2 tog, YO, K5, YO, SSK, K7, YO, K2: 29 sts.

Row 29: K2, YO, K7, K2 tog, YO, K7, YO, SSK, K7, YO, K2: 31 sts.

Row 31: K2, YO, K7, K2 tog, YO, K9, YO, SSK, K7, YO, K2: 33 sts.

Row 33: K2, YO, K7, K2 tog, YO, K 11, YO, SSK, K7, YO, K2: 35 sts.

Row 35: K2, YO, K7, (K2 tog, YO) 4 times, K1, (YO, SSK) 4 times, K7, YO, K2: 37 sts.

Row 37: K2, YO, K 33, YO, K2: 39 sts.

Row 39: K2, YO, K 35, YO, K2: 41 sts.

Row 41: K2, YO, K8, K2 tog, YO, K1, YO, SSK, (K3, K2 tog, YO, K1, YO, SSK) twice, K8, YO, K2: 43 sts.

Row 43: K2, YO, K8, K2 tog, YO, K3, YO, SSK, (K1, K2 tog, YO, K3, YO, SSK) twice, K8, YO, K2: 45 sts.

Row 45: K1, SSK, YO, SSK, K8, K2 tog, (YO, K6, K2 tog) twice, YO, K9, K2 tog, YO, K2 tog, K1: 43 sts.

Row 47: K1, SSK, YO, SSK, K5, K2 tog, YO, K3, YO, SSK, (K1, K2 tog, YO, K3, YO, SSK) twice, K5, K2 tog, YO, K2 tog, K1: 41 sts.

Row 49: K1, SSK, YO, SSK, K6, YO, slip 1, K2 tog, PSSO, (YO, K5, YO, slip 1, K2 tog, PSSO) twice, YO, K6, K2 tog, YO, K2 tog, K1: 39 sts.

Row 51: K1, SSK, YO, SSK, K 29, K2 tog, YO, K2 tog, K1: 37 sts.

Row 53: K1, SSK, YO, SSK, K7, K2 tog, YO, K1, YO, SSK, K3, K2 tog, YO, K1, YO, SSK, K7, K2 tog, YO, K2 tog, K1: 35 sts.

Row 55: K1, SSK, YO, SSK, K5, K2 tog, YO, K3, YO, SSK, K1, K2 tog, YO, K3, YO, SSK, K5, K2 tog, YO, K2 tog, K1: 33 sts.

Row 57: K1, SSK, YO, SSK, (K6, K2 tog, YO) twice, K7, K2 tog, YO, K2 tog, K1: 31 sts.

Row 59: K1, SSK, YO, SSK, K3, K2 tog, YO, K3, YO, SSK, K1, K2 tog, YO, K3, YO, SSK, K3, K2 tog, YO, K2 tog, K1: 29 sts.

Row 61: K1, SSK, YO, SSK, K4, YO, slip 1, K2 tog, PSSO, YO, K5, YO, slip 1, K2 tog, PSSO, YO, K4, K2 tog, YO, K2 tog, K1: 27 sts.

Row 63: K1, SSK, YO, SSK, K 17, K2 tog, YO, K2 tog, K1: 25 sts.

Row 65: K1, SSK, YO, SSK, K5, K2 tog, YO, K1, YO, SSK, K5, K2 tog, YO, K2 tog, K1: 23 sts.

Row 67: K1, SSK, YO, SSK, K3, K2 tog, YO, K3, YO, SSK, K3, K2 tog, YO, K2 tog, K1: 21 sts.

Row 69: K1, SSK, YO, SSK, K4, K2 tog, YO, K5, K2 tog, YO, K2 tog, K1: 19 sts.

Row 71: K1, SSK, YO, SSK, K1, K2 tog, YO, K3, YO, SSK, K1, K2 tog, YO, K2 tog, K1: 17 sts.

Row 73: K1, SSK, YO, SSK, K2, YO, slip 1, K2 tog, PSSO, YO, K2, K2 tog, YO, K2 tog, K1: 15 sts.

Row 75: K1, SSK, YO, SSK, K5, K2 tog, YO, K2 tog, K1: 13 sts.

Row 77: K1, SSK, YO, SSK, K3, K2 tog, YO, K2 tog, K1: 11 sts.

Row 79: K1, SSK, YO, SSK, K1, K2 tog, YO, K2 tog, K1: 9 sts.

Row 81: K1, SSK, YO, slip 1, K2 tog, PSSO, YO, K2 tog, K1: 7 sts.

Row 83: K1, SSK, YO, K3 tog *(Fig. 4, page 2)*, K1: 5 sts.

Row 85: K1, slip 1, K2 tog, PSSO, K1: 3 sts.

Bind off remaining sts in **knit**.

5. QUICK CLEAN

Shown on Back Cover.

Finished Size: 9" (23 cm) square

DISHCLOTH

Cast on 37 sts.

Rows 1 and 2: Knit across.

Row 3: K1, SSK *(Figs. 5a-c, page 2)*, YO *(Fig. 2, page 2)*, K1, ★ YO, K2 tog *(Fig. 3, page 2)*; repeat from ★ across to last st, K1.

Row 4 AND ALL EVEN ROWS THRU ROW 58: Knit across.

Rows 5 and 7: K1, SSK, YO, K 31, YO, K2 tog, K1.

Row 9: K1, SSK, YO, K6, K2 tog, (YO, K8, K2 tog) twice, YO, K3, YO, K2 tog, K1.

Row 11: K1, SSK, YO, (K5, K2 tog, YO, K1, YO, SSK) 3 times, K1, YO, K2 tog, K1.

Row 13: K1, SSK, YO, K4, K2 tog, YO, K3, YO, SSK, (K3, K2 tog, YO, K3, YO, SSK) twice, YO, K2 tog, K1.

Row 15: K1, SSK, YO, K3, K2 tog, (YO, K8, K2 tog) twice, YO, K6, YO, K2 tog, K1.

Row 17: K1, SSK, YO, K2, K2 tog, YO, K1, YO, SSK, (K5, K2 tog, YO, K1, YO, SSK) twice, K4, YO, K2 tog, K1.

Row 19: K1, SSK, YO, K1, (K2 tog, YO, K3, YO, SSK, K3) 3 times, YO, K2 tog, K1.

Row 21: K1, SSK, YO, K3, YO, [slip 1, K2 tog, PSSO *(Figs. 6a & b, page 2)*], (YO, K7, YO, slip 1, K2 tog, PSSO) twice, YO, K5, YO, K2 tog, K1.

Row 23: K1, SSK, YO, K 31, YO, K2 tog, K1.

Rows 25-56: Repeat Rows 9-24 twice.

Row 57: K1, SSK, YO, K 31, YO, K2 tog, K1.

Row 59: K1, SSK, YO, K1, (YO, K2 tog) across to last st, K1.

Rows 60 and 61: Knit across.

Bind off all sts in **knit**.

6. TIDY TIME

Shown on Back Cover.

Finished Size: 9" (23 cm) square

DISHCLOTH

Cast on 37 sts.

Rows 1 and 2: Knit across.

Row 3: K1, SSK *(Figs. 5a-c, page 2)*, YO *(Fig. 2, page 2)*, K1, ★ YO, K2 tog *(Fig. 3, page 2)*; repeat from ★ across to last st, K1.

Row 4: Knit across.

Row 5: K1, SSK, YO, K 31, YO, K2 tog, K1.

Row 6: Knit across.

Rows 7-10: Repeat Rows 5 and 6 twice.

Row 11: K1, SSK, YO, K6, K2 tog, YO, K1, YO, SSK, K9, K2 tog, YO, K1, YO, SSK, K6, YO, K2 tog, K1.

Row 12: Knit across.

Row 13: K1, SSK, YO, K3, ★ (K2 tog, YO) twice, K3, (YO, SSK) twice, K3; repeat from ★ once **more**, YO, K2 tog, K1.

Row 14: Knit across.

Row 15: K1, SSK, YO, K2, K2 tog, YO, K3, K2 tog, YO, K4, YO, SSK, K1, K2 tog, YO, K3, K2 tog, YO, K4, YO, SSK, K2, YO, K2 tog, K1.

Row 16: Knit across.

Row 17: K1, SSK, YO, K4, (YO, SSK) twice, K1, (K2 tog, YO) twice, K5, (YO, SSK) twice, K1, (K2 tog, YO) twice, K4, YO, K2 tog, K1.

Row 18: Knit across.

Row 19: K1, SSK, YO, K7, YO, [slip 1, K2 tog, PSSO *(Figs. 6a & b, page 2)*], YO, K 11, YO, slip 1, K2 tog, PSSO, YO, K7, YO, K2 tog, K1.

Row 20: Knit across.

Row 21: K1, SSK, YO, K 31, YO, K2 tog, K1.

Row 22: Knit across.

Rows 23-26: Repeat Rows 21 and 22 twice.

Row 27: K1, SSK, YO, K 13, K2 tog, YO, K1, YO, SSK, K 13, YO, K2 tog, K1.

Row 28: Knit across.

Row 29: K1, SSK, YO, K 10, (K2 tog, YO) twice, K3, (YO, SSK) twice, K 10, YO, K2 tog, K1.

Row 30: Knit across.

Row 31: K1, SSK, YO, K9, K2 tog, YO, K3, K2 tog, YO, K4, YO, SSK, K9, YO, K2 tog, K1.

Row 32: Knit across.

Row 33: K1, SSK, YO, K 11, (YO, SSK) twice, K1, (K2 tog, YO) twice, K 11, YO, K2 tog, K1.

Row 34: Knit across.

Row 35: K1, SSK, YO, K 14, YO, slip 1, K2 tog, PSSO, YO, K 14, YO, K2 tog, K1.

Row 36: Knit across.

Rows 37-58: Repeat Rows 5-26.

Row 59: K1, SSK, YO, K1, (YO, K2 tog) across to last st, K1.

Rows 60 and 61: Knit across.

Bind off all sts in **knit**.

7. CLEAN & SHINE

Shown on page 12.

Finished Size: 9" (23 cm) square

DISHCLOTH
Cast on 37 sts.

Rows 1-5: Knit across.

Row 6: K3, P 31, K3.

Row 7: K 13, P 11, K 13.

Row 8: K3, P 10, K 11, P 10, K3.

Row 9: K 12, P 13, K 12.

Row 10: K3, P9, K 13, P9, K3.

Row 11: K 11, P 15, K 11.

Row 12: K3, P8, K 15, P8, K3.

Row 13: K 11, P 15, K 11.

Row 14: K3, P8, K 15, P8, K3.

Row 15: K9, P 19, K9.

Row 16: K3, P6, K 19, P6, K3.

Row 17: K7, (P8, K7) twice.

Row 18: K3, P4, K8, P7, K8, P4, K3.

Row 19: K6, P8, K9, P8, K6.

Row 20: K3, P3, K8, P9, K8, P3, K3.

Row 21: K5, P8, K 11, P8, K5.

Row 22: K3, P2, K8, P 11, K8, P2, K3.

Row 23: K5, P7, K 13, P7, K5.

Row 24: K3, P2, K7, P 13, K7, P2, K3.

Row 25: K5, P7, K 13, P7, K5.

Row 26: K3, P2, K7, P 13, K7, P2, K3.

Row 27: K5, P7, K 13, P7, K5.

Row 28: K3, P2, K7, P 13, K7, P2, K3.

Row 29: K5, P7, K 13, P7, K5.

Row 30: K3, P2, K7, P 13, K7, P2, K3.

Row 31: K5, P8, K 11, P8, K5.

Row 32: K3, P2, K8, P 11, K8, P2, K3.

Row 33: K6, P8, K9, P8, K6.

Row 34: K3, P3, K8, P9, K8, P3, K3.

Row 35: K7, (P8, K7) twice.

Row 36: K3, P4, K8, P7, K8, P4, K3.

Row 37: K9, P 19, K9.

Row 38: K3, P6, K 19, P6, K3.

Row 39: K 11, P 15, K 11.

Row 40: K3, P8, K 15, P8, K3.

Row 41: K 11, P 15, K 11.

Row 42: K3, P8, K 15, P8, K3.

Row 43: K 12, P 13, K 12.

Row 44: K3, P9, K 13, P9, K3.

Row 45: K 13, P 11, K 13.

Row 46: K3, P 10, K 11, P 10, K3.

Row 47: Knit across.

Row 48: K3, P 31, K3.

Rows 49-53: Knit across.

Bind off all sts in **knit**.

8. SPOT-FREE

Shown on page 12.

Finished Size: 9" (23 cm) square

DISHCLOTH

Cast on 37 sts.

Rows 1-6: Knit across.

Row 7: K4, K2 tog *(Fig. 3, page 2)*, YO *(Fig. 2, page 2)*, K1, YO, SSK *(Figs. 5a-c, page 2)*, (K7, K2 tog, YO, K1, YO, SSK) twice, K4.

Row 8: Knit across.

Row 9: K3, K2 tog, YO, K3, YO, SSK, (K5, K2 tog, YO, K3, YO, SSK) twice, K3.

Row 10: Knit across.

Row 11: K2, K2 tog, YO, K5, YO, SSK, (K3, K2 tog, YO, K5, YO, SSK) twice, K2.

Row 12: Knit across.

Row 13: K1, (K2 tog, YO, K1, YO, SSK, K1) across.

Row 14: Knit across.

Row 15: K2 tog, YO, K2, YO, SSK, K1, K2 tog, YO, K2, ★ YO, [slip 1, K2 tog, PSSO *(Figs. 6a & b, page 2)*], YO, K2, YO, SSK, K1, K2 tog, YO, K2; repeat from ★ once **more**, YO, SSK.

Row 16: Knit across.

Row 17: K2, YO, SSK, K1, YO, slip 1, K2 tog, PSSO, YO, K1, K2 tog, ★ YO, K3, YO, SSK, K1, YO, slip 1, K2 tog, PSSO, YO, K1, K2 tog; repeat from ★ once **more**, YO, K2.

Row 18: Knit across.

Row 19: K3, YO, SSK, K3, K2 tog, (YO, K5, YO, SSK, K3, K2 tog) twice, YO, K3.

Row 20: Knit across.

Row 21: K4, YO, SSK, K1, K2 tog, ★ YO, K1, YO, SSK, K1, K2 tog, YO, K1, YO, SSK, K1, K2 tog; repeat from ★ once **more**, YO, K4.

Row 22: Knit across.

Row 23: K5, YO, slip 1, K2 tog, PSSO, ★ YO, K2, YO, SSK, K1, K2 tog, YO, K2, YO, slip 1, K2 tog, PSSO; repeat from ★ once **more**, YO, K5.

Row 24: Knit across.

Row 25: K3, K2 tog, YO, K3, YO, SSK, ★ K1, YO, slip 1, K2 tog, PSSO, YO, K1, K2 tog, YO, K3, YO, SSK; repeat from ★ once **more**, K3.

Row 26: Knit across.

Rows 27-52: Repeat Rows 11-26 once, then repeat Rows 11-20 once **more**.

Row 53: K4, YO, SSK, K1, K2 tog, (YO, K7, YO, SSK, K1, K2 tog) twice, YO, K4.

Row 55: K5, YO, slip 1, K2 tog, PSSO, (YO, K9, YO, slip 1, K2 tog, PSSO) twice, YO, K5.

Rows 56-61: Knit across.

Bind off all sts in **knit**.

10

11

7

12

8

13

9. CLEAN AS A WHISTLE

Shown on Front Cover.

Finished Size: 9" (23 cm) square

Dishcloth is knit diagonally, from one corner to the opposite corner.

DISHCLOTH

Cast on 3 sts.

Row 1: Knit across.

Row 2: K1, increase *(Figs. 1a & b, page 1)*, K1: 4 sts.

Row 3: K2, YO *(Fig. 2, page 2)*, K2: 5 sts.

Row 4 AND ALL EVEN ROWS THRU ROW 86: Knit across.

Row 5: K2, YO, K1, YO, K2: 7 sts.

Row 7: K2, YO, K3, YO, K2: 9 sts.

Row 9: K2, YO, K5, YO, K2: 11 sts.

Row 11: K2, YO, K7, YO, K2: 13 sts.

Row 13: K2, YO, K9, YO, K2: 15 sts.

Row 15: K2, YO, K4, K2 tog *(Fig. 3, page 2)*, YO, K5, YO, K2: 17 sts.

Row 17: K2, YO, K4, K2 tog, YO, K1, YO, SSK *(Figs. 5a-c, page 2)*, K4, YO, K2: 19 sts.

Row 19: K2, YO, K4, K2 tog, YO, K3, YO, SSK, K4, YO, K2: 21 sts.

Row 21: K2, YO, K4, K2 tog, YO, K5, YO, SSK, K4, YO, K2: 23 sts.

Row 23: K2, YO, K7, K2 tog, YO, K1, YO, SSK, K7, YO, K2: 25 sts.

Row 25: K2, YO, K7, K2 tog, YO, K3, YO, SSK, K7, YO, K2: 27 sts.

Row 27: K2, YO, K8, (K2 tog, YO) twice, K1, YO, SSK, K8, YO, K2: 29 sts.

Row 29: K2, YO, K9, K2 tog, YO, K3, YO, SSK, K9, YO, K2: 31 sts.

Row 31: K2, YO, K 12, YO, [slip 1, K2 tog, PSSO *(Figs. 6a & b, page 2)*], YO, K 12, YO, K2: 33 sts.

Row 33: K2, YO, K 29, YO, K2: 35 sts.

Row 35: K2, YO, K 31, YO, K2: 37 sts.

Row 37: K2, YO, K4, K2 tog, YO, K 21, YO, SSK, K4, YO, K2: 39 sts.

Row 39: K2, YO, K4, (K2 tog, YO, K1) twice, YO, SSK, K 11, K2 tog, YO, (K1, YO, SSK) twice, K4, YO, K2: 41 sts.

Row 41: K2, YO, K4, K2 tog, YO, K1, K2 tog, YO, K3, YO, SSK, K9, K2 tog, YO, K3, YO, SSK, K1, YO, SSK, K4, YO, K2: 43 sts.

Row 43: K2, YO, K4, K2 tog, YO, K2, (K2 tog, YO) twice, K1, YO, SSK, K9, K2 tog, YO, K1, (YO, SSK) twice, K2, YO, SSK, K4, YO, K2: 45 sts.

Row 45: K1, SSK, YO, SSK, K4, YO, SSK, K2 tog, YO, K3, YO, SSK, K9, K2 tog, YO, K3, YO, SSK, K2 tog, YO, K4, K2 tog, YO, K2 tog, K1: 43 sts.

Row 47: K1, SSK, YO, SSK, K4, YO, SSK, K1, YO, slip 1, K2 tog, PSSO, YO, K 13, YO, slip 1, K2 tog, PSSO, YO, K1, K2 tog, YO, K4, K2 tog, YO, K2 tog, K1: 41 sts.

Row 49: K1, SSK, YO, SSK, K4, YO, SSK, K 19, K2 tog, YO, K4, K2 tog, YO, K2 tog, K1: 39 sts.

Row 51: K1, SSK, YO, SSK, K 29, K2 tog, YO, K2 tog, K1: 37 sts.

Row 53: K1, SSK, YO, SSK, K 27, K2 tog, YO, K2 tog, K1: 35 sts.

Row 55: K1, SSK, YO, SSK, K 10, K2 tog, YO, K1, YO, SSK, K 10, K2 tog, YO, K2 tog, K1: 33 sts.

Row 57: K1, SSK, YO, SSK, K8, K2 tog, YO, K3, YO, SSK, K8, K2 tog, YO, K2 tog, K1: 31 sts.

Row 59: K1, SSK, YO, SSK, K7, (K2 tog, YO) twice, K1, YO, SSK, K7, K2 tog, YO, K2 tog, K1: 29 sts.

Row 61: K1, SSK, YO, SSK, K6, K2 tog, YO, K3, YO, SSK, K6, K2 tog, YO, K2 tog, K1: 27 sts.

Row 63: K1, SSK, YO, SSK, K7, YO, slip 1, K2 tog, PSSO, YO, K7, K2 tog, YO, K2 tog, K1: 25 sts.

Row 65: K1, SSK, YO, SSK, K4, YO, SSK, K3, K2 tog, YO, K4, K2 tog, YO, K2 tog, K1: 23 sts.

Row 67: K1, SSK, YO, SSK, K4, YO, SSK, K1, K2 tog, YO, K4, K2 tog, YO, K2 tog, K1: 21 sts.

Row 69: K1, SSK, YO, SSK, K4, YO, slip 1, K2 tog, PSSO, YO, K4, K2 tog, YO, K2 tog, K1: 19 sts.

Row 71: K1, SSK, YO, SSK, K3, K2 tog, YO, K4, K2 tog, YO, K2 tog, K1: 17 sts.

Row 73: K1, SSK, YO, SSK, K7, K2 tog, YO, K2 tog, K1: 15 sts.

Row 75: K1, SSK, YO, SSK, K5, K2 tog, YO, K2 tog, K1: 13 sts.

Row 77: K1, SSK, YO, SSK, K3, K2 tog, YO, K2 tog, K1: 11 sts.

Row 79: K1, SSK, YO, SSK, K1, K2 tog, YO, K2 tog, K1: 9 sts.

Row 81: K1, SSK, YO, slip 1, K2 tog, PSSO, YO, K2 tog, K1: 7 sts.

Row 83: K1, SSK, YO, K3 tog *(Fig. 4, page 2)*, K1: 5 sts.

Row 85: K1, slip 1, K2 tog, PSSO, K1: 3 sts.

Bind off remaining sts in **knit**.

10. WASH UP

Shown on page 12.

Finished Size: 9" (23 cm) square

DISHCLOTH

Cast on 36 sts.

Rows 1-4: Knit across.

Rows 5 and 6: K 18, P 15, K3.

Rows 7 and 8: K9, P3, K6, (P6, K3) twice.

Rows 9 and 10: K8, P5, (K5, P5) twice, K3.

Rows 11 and 12: K6, (P3, K3) across.

Rows 13-18: (K5, P3) twice, K2, P2, K3, P5, K3, P2, K3.

Rows 19 and 20: K6, (P3, K3) across.

Rows 21 and 22: K8, P5, (K5, P5) twice, K3.

Rows 23 and 24: K9, P3, K6, (P6, K3) twice.

Rows 25 and 26: K 18, P 15, K3.

Rows 27 and 28: K3, P 15, K 18.

Rows 29 and 30: (K3, P6) twice, K6, P3, K9.

Rows 31 and 32: K3, P5, (K5, P5) twice, K8.

Rows 33 and 34: (K3, P3) 5 times, K6.

Rows 35-40: K3, P2, K3, P5, K3, P2, K2, (P3, K5) twice.

Rows 41 and 42: (K3, P3) 5 times, K6.

Rows 43 and 44: K3, P5, (K5, P5) twice, K8.

Rows 45 and 46: (K3, P6) twice, K6, P3, K9.

Rows 47 and 48: K3, P 15, K 18.

Rows 49-53: Knit across.

Bind off all sts in **knit**.

11. FLORAL FRESH

Shown on page 12.

Finished Size: 9" (23 cm) square

Dishcloth is knit diagonally, from one corner to the opposite corner.

DISHCLOTH

Cast on 3 sts.

Row 1: Knit across.

Row 2: K1, increase *(Figs. 1a & b, page 1)*, K1: 4 sts.

Row 3: K2, YO *(Fig. 2, page 2)*, K2: 5 sts.

Row 4 AND ALL EVEN ROWS THRU ROW 86: Knit across.

Row 5: K2, YO, K1, YO, K2: 7 sts.

Row 7: K2, YO, K3, YO, K2: 9 sts.

Row 9: K2, YO, K5, YO, K2: 11 sts.

Row 11: K2, YO, K7, YO, K2: 13 sts.

Row 13: K2, YO, K9, YO, K2: 15 sts.

Row 15: K2, YO, K2, K2 tog *(Fig. 3, page 2)*, YO, K3, YO, SSK *(Figs. 5a-c, page 2)*, K2, YO, K2: 17 sts.

Row 17: K2, YO, K2, K2 tog, YO, K1, YO, [slip 1, K2 tog, PSSO *(Figs. 6a & b, page 2)*], YO, K1, YO, SSK, K2, YO, K2: 19 sts.

Row 19: K2, YO, K2, K2 tog, YO, K2, YO, slip 1, K2 tog, PSSO, YO, K2, YO, SSK, K2, YO, K2: 21 sts.

Row 21: K2, YO, K2, K2 tog, YO, K3, YO, slip 1, K2 tog, PSSO, YO, K3, YO, SSK, K2, YO, K2: 23 sts.

Row 23: K2, YO, K2, K2 tog, YO, K4, YO, slip 1, K2 tog, PSSO, YO, K4, YO, SSK, K2, YO, K2: 25 sts.

Row 25: K2, YO, K2, K2 tog, YO, K5, YO, slip 1, K2 tog, PSSO, YO, K5, YO, SSK, K2, YO, K2: 27 sts.

Row 27: K2, YO, K2, K2 tog, YO, K6, YO, slip 1, K2 tog, PSSO, YO, K6, YO, SSK, K2, YO, K2: 29 sts.

Row 29: K2, YO, K2, K2 tog, YO, K7, YO, slip 1, K2 tog, PSSO, YO, K7, YO, SSK, K2, YO, K2: 31 sts.

Row 31: K2, YO, K2, K2 tog, YO, K8, YO, slip 1, K2 tog, PSSO, YO, K8, YO, SSK, K2, YO, K2: 33 sts.

Row 33: K2, YO, K2, K2 tog, YO, K9, YO, slip 1, K2 tog, PSSO, YO, K9, YO, SSK, K2, YO, K2: 35 sts.

Row 35: K2, YO, K3, K2 tog, YO, K9, YO, slip 1, K2 tog, PSSO, YO, K9, YO, SSK, K3, YO, K2: 37 sts.

Row 37: K2, YO, K4, K2 tog, YO, K7, K2 tog, YO, K3, YO, SSK, K7, YO, SSK, K4, YO, K2: 39 sts.

Row 39: K2, YO, K5, K2 tog, YO, K6, K2 tog, YO, K5, YO, SSK, K6, YO, SSK, K5, YO, K2: 41 sts.

Row 41: K2, YO, K6, K2 tog, YO, K5, K2 tog, YO, K7, YO, SSK, K5, YO, SSK, K6, YO, K2: 43 sts.

Row 43: K2, YO, K7, K2 tog, YO, K4, K2 tog, YO, K2, K2 tog, YO, K1, YO, SSK, K2, YO, SSK, K4, YO, SSK, K7, YO, K2: 45 sts.

Row 45: K1, SSK, YO, SSK, K5, K2 tog, YO, K3, K2 tog, YO, K2, K2 tog, YO, K3, YO, SSK, K2, YO, SSK, K3, YO, SSK, K5, K2 tog, YO, K2 tog, K1: 43 sts.

Row 47: K1, SSK, YO, SSK, K4, K2 tog, (YO, K2, K2 tog) twice, YO, K5, YO, SSK, (K2, YO, SSK) twice, K4, K2 tog, YO, K2 tog, K1: 41 sts.

Row 49: K1, SSK, YO, SSK, K3, K2 tog, YO, K1, K2 tog, YO, K2, K2 tog, YO, K1, YO, SSK, K1, K2 tog, YO, K1, YO, SSK, K2, YO, SSK, K1, YO, SSK, K3, K2 tog, YO, K2 tog, K1: 39 sts.

Row 51: K1, SSK, YO, SSK, K2, (K2 tog, YO) twice, K2, K2 tog, YO, K2, YO, SSK, K1, K2 tog, YO, K2, YO, SSK, K2, (YO, SSK) twice, K2, K2 tog, YO, K2 tog, K1: 37 sts.

Row 53: K1, SSK, YO, SSK, (K2, K2 tog, YO) twice, K3, YO, SSK, K1, K2 tog, YO, K3, (YO, SSK, K2) twice, K2 tog, YO, K2 tog, K1: 35 sts.

Row 55: K1, SSK, YO, SSK, K5, K2 tog, YO, K3, YO, SSK, K1, K2 tog, YO, K3, YO, SSK, K5, K2 tog, YO, K2 tog, K1: 33 sts.

Row 57: K1, SSK, YO, SSK, K4, K2 tog, YO, K3, YO, SSK, K1, K2 tog, YO, K3, YO, SSK, K4, K2 tog, YO, K2 tog, K1: 31 sts.

Row 59: K1, SSK, YO, SSK, K3, K2 tog, YO, K3, YO, SSK, K1, K2 tog, YO, K3, YO, SSK, K3, K2 tog, YO, K2 tog, K1: 29 sts.

Row 61: K1, SSK, YO, SSK, K2, K2 tog, YO, K3, YO, SSK, K1, K2 tog, YO, K3, YO, SSK, K2, K2 tog, YO, K2 tog, K1: 27 sts.

Row 63: K1, SSK, YO, SSK, K1, K2 tog, (YO, K3, YO, SSK, K1, K2 tog) twice, YO, K2 tog, K1: 25 sts.

Row 65: K1, SSK, YO, SSK, K2, YO, slip 1, K2 tog, PSSO, (YO, K1, YO, slip 1, K2 tog, PSSO) twice, YO, K2, K2 tog, YO, K2 tog, K1: 23 sts.

Row 67: K1, SSK, YO, SSK, K 13, K2 tog, YO, K2 tog, K1: 21 sts.

Row 69: K1, SSK, YO, SSK, K 11, K2 tog, YO, K2 tog, K1: 19 sts.

Row 71: K1, SSK, YO, SSK, K9, K2 tog, YO, K2 tog, K1: 17 sts.

Row 73: K1, SSK, YO, SSK, K7, K2 tog, YO, K2 tog, K1: 15 sts.

Row 75: K1, SSK, YO, SSK, K5, K2 tog, YO, K2 tog, K1: 13 sts.

Row 77: K1, SSK, YO, SSK, K3, K2 tog, YO, K2 tog, K1: 11 sts.

Row 79: K1, SSK, YO, SSK, K1, K2 tog, YO, K2 tog, K1: 9 sts.

Row 81: K1, SSK, YO, slip 1, K2 tog, PSSO, YO, K2 tog, K1: 7 sts.

Row 83: K1, SSK, YO, K3 tog *(Fig. 4, page 2)*, K1: 5 sts.

Row 85: K1, slip 1, K2 tog, PSSO, K1: 3 sts.

Bind off remaining sts in **knit**.

12. NEAT & TRIM

Shown on Front Cover.

Finished Size: 9" (23 cm) square

Dishcloth is knit diagonally, from one corner to the opposite corner.

DISHCLOTH

Cast on 3 sts.

Row 1: Knit across.

Row 2: K1, increase *(Figs. 1a & b, page 1)*, K1: 4 sts.

Row 3: K2, YO *(Fig. 2, page 2)*, K2: 5 sts.

Row 4 AND ALL EVEN ROWS THRU ROW 86: Knit across.

Row 5: K2, YO, K1, YO, K2: 7 sts.

Row 7: K2, YO, K3, YO, K2: 9 sts.

Row 9: K2, YO, K5, YO, K2: 11 sts.

Row 11: K2, YO, K1, K2 tog *(Fig. 3, page 2)*, YO, K1, YO, SSK *(Figs. 5a-c, page 2)*, K1, YO, K2: 13 sts.

Row 13: K2, YO, K1, K2 tog, YO, K3, YO, SSK, K1, YO, K2: 15 sts.

Row 15: K2, YO, K4, K2 tog, YO, K5, YO, K2: 17 sts.

Row 17: K2, YO, K4, YO, SSK, K1, K2 tog, YO, K4, YO, K2: 19 sts.

Row 19: K2, YO, K6, YO, [slip 1, K2 tog, PSSO *(Figs. 6a & b, page 2)*], YO, K6, YO, K2: 21 sts.

Row 21: K2, YO, K 17, YO, K2: 23 sts.

Row 23: K2, YO, K 19, YO, K2: 25 sts.

Row 25: K2, YO, K1, K2 tog, YO, K1, YO, SSK, K9, K2 tog, YO, K1, YO, SSK, K1, YO, K2: 27 sts.

Row 27: K2, YO, K1, K2 tog, YO, K3, YO, SSK, K7, K2 tog, YO, K3, YO, SSK, K1, YO, K2: 29 sts.

Row 29: K2, YO, K4, K2 tog, YO, K 12, K2 tog, YO, K5, YO, K2: 31 sts.

Row 31: K2, YO, K4, YO, SSK, K1, K2 tog, YO, K9, YO, SSK, K1, K2 tog, YO, K4, YO, K2: 33 sts.

Row 33: K2, YO, K6, YO, slip 1, K2 tog, PSSO, YO, K 11, YO, slip 1, K2 tog, PSSO, YO, K6, YO, K2: 35 sts.

Row 35: K2, YO, K 31, YO, K2: 37 sts.

Row 37: K2, YO, K 33, YO, K2: 39 sts.

Row 39: K2, YO, K1, K2 tog, YO, K1, YO, SSK, K 23, K2 tog, YO, K1, YO, SSK, K1, YO, K2: 41 sts.

Row 41: K2, YO, K1, K2 tog, YO, K3, YO, SSK, K 21, K2 tog, YO, K3, YO, SSK, K1, YO, K2: 43 sts.

Row 43: K2, YO, K4, K2 tog, YO, K 26, K2 tog, YO, K5, YO, K2: 45 sts.

Row 45: K1, SSK, (YO, SSK, K1) twice, K2 tog, YO, K 23, YO, SSK, (K1, K2 tog, YO) twice, K2 tog, K1: 43 sts.

Row 47: K1, SSK, YO, SSK, K1, YO, slip 1, K2 tog, PSSO, YO, K 25, YO, slip 1, K2 tog, PSSO, YO, K1, K2 tog, YO, K2 tog, K1: 41 sts.

Row 49: K1, SSK, YO, SSK, K 31, K2 tog, YO, K2 tog, K1: 39 sts.

Row 51: K1, SSK, YO, SSK, K 29, K2 tog, YO, K2 tog, K1: 37 sts.

Row 53: K1, SSK, YO, SSK, K4, K2 tog, YO, K1, YO, SSK, K9, K2 tog, YO, K1, YO, SSK, K4, K2 tog, YO, K2 tog, K1: 35 sts.

Row 55: K1, SSK, YO, SSK, K2, K2 tog, YO, K3, YO, SSK, K7, K2 tog, YO, K3, YO, SSK, K2, K2 tog, YO, K2 tog, K1: 33 sts.

Row 57: K1, SSK, YO, SSK, K3, K2 tog, YO, K 12, K2 tog, YO, K4, K2 tog, YO, K2 tog, K1: 31 sts.

Row 59: K1, SSK, (YO, SSK, K1) twice, K2 tog, YO, K9, YO, SSK, K1, K2 tog, YO, K1, K2 tog, YO, K2 tog, K1: 29 sts.

Row 61: K1, SSK, YO, SSK, K1, YO, slip 1, K2 tog, PSSO, YO, K 11, YO, slip 1, K2 tog, PSSO, YO, K1, K2 tog, YO, K2 tog, K1: 27 sts.

Row 63: K1, SSK, YO, SSK, K 17, K2 tog, YO, K2 tog, K1: 25 sts.

Row 65: K1, SSK, YO, SSK, K 15, K2 tog, YO, K2 tog, K1: 23 sts.

Row 67: K1, SSK, YO, SSK, K4, K2 tog, YO, K1, YO, SSK, K4, K2 tog, YO, K2 tog, K1: 21 sts.

Row 69: K1, SSK, YO, SSK, K2, K2 tog, YO, K3, YO, SSK, K2, K2 tog, YO, K2 tog, K1: 19 sts.

Row 71: K1, SSK, YO, SSK, K3, K2 tog, YO, K4, K2 tog, YO, K2 tog, K1: 17 sts.

Row 73: K1, SSK, (YO, SSK, K1) twice, K2 tog, YO, K1, K2 tog, YO, K2 tog, K1: 15 sts.

Row 75: K1, SSK, YO, SSK, K1, YO, slip 1, K2 tog, PSSO, YO, K1, K2 tog, YO, K2 tog, K1: 13 sts.

Row 77: K1, SSK, YO, SSK, K3, K2 tog, YO, K2 tog, K1: 11 sts.

Row 79: K1, SSK, YO, SSK, K1, K2 tog, YO, K2 tog, K1: 9 sts.

Row 81: K1, SSK, YO, slip 1, K2 tog, PSSO, YO, K2 tog, K1: 7 sts.

Row 83: K1, SSK, YO, K3 tog *(Fig. 4, page 2)*, K1: 5 sts.

Row 85: K1, slip 1, K2 tog, PSSO, K1: 3 sts.

Bind off remaining sts in **knit**.

13. PRIM & PROPER

Shown on page 12.

Finished Size: 9" (23 cm) square

DISHCLOTH
Cast on 17 sts.

Rows 1 and 2: Knit across.

Row 3: K2, YO *(Fig. 2, page 2)*, [K2 tog *(Fig. 3, page 2)*, YO] 3 times, K1, [YO, SSK *(Figs. 5a-c, page 2)*] 3 times, YO, K2: 19 sts.

Row 4: Knit across.

Row 5: K2, YO, K 15, YO, K2: 21 sts.

Row 6: Knit across.

Row 7: K2, YO, K 17, YO, K2: 23 sts.

Row 8: Knit across.

Row 9: K2, YO, K 19, YO, K2: 25 sts.

Row 10: Knit across.

Row 11: K1, K2 tog, YO, K 19, YO, SSK, K1.

Row 12: Add on 2 sts *(Figs. 7a & b)*, K2, K1 tbl *(Fig. 8)*, knit across: 27 sts.

Fig. 7a   **Fig. 7b**

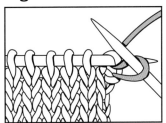
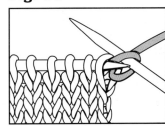

Fig. 8

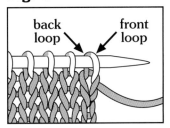

Continued on page 19.

Row 13: Add on 2 sts, K2, K1 tbl, K2 tog, YO, K 19, YO, SSK, K3: 29 sts.

Row 14: Knit across.

Row 15: K2, YO, K2 tog, YO, K 21, YO, SSK, YO, K2: 31 sts.

Row 16: Knit across.

Row 17: K2, YO, K 27, YO, K2: 33 sts.

Row 18: Knit across.

Row 19: K2, YO, K 29, YO, K2: 35 sts.

Row 20: Knit across.

Row 21: K2, YO, K 11, (K2 tog, YO) twice, K1, (YO, SSK) twice, K 11, YO, K2: 37 sts.

Row 22: Knit across.

Row 23: K1, K2 tog, YO, K 10, K2 tog, YO, K7, YO, SSK, K 10, YO, SSK, K1.

Row 24: Knit across.

Row 25: K1, (K2 tog, YO, K9) twice, YO, SSK, K9, YO, SSK, K1.

Row 26: Knit across.

Row 27: K1, K2 tog, YO, K8, K2 tog, YO, K 11, YO, SSK, K8, YO, SSK, K1.

Row 28: Knit across.

Row 29: K1, K2 tog, YO, K7, K2 tog, YO, K 13, YO, SSK, K7, YO, SSK, K1.

Row 30: Knit across.

Rows 31-42: Repeat Rows 29 and 30, 6 times.

Row 43: K1, K2 tog, YO, K9, YO, SSK, K9, K2 tog, YO, K9, YO, SSK, K1.

Row 44: Knit across.

Row 45: K1, K2 tog, YO, K 10, YO, SSK, K7, K2 tog, YO, K 10, YO, SSK, K1.

Row 46: Knit across.

Row 47: K1, K2 tog, YO, K 11, YO, SSK, K5, K2 tog, YO, K 11, YO, SSK, K1.

Row 48: Knit across.

Row 49: K1, K2 tog, YO, K 12, YO, SSK, YO, [slip 1, K2 tog, PSSO *(Figs. 6a & b, page 2)*], YO, K2 tog, YO, K 12, YO, SSK, K1.

Row 50: Knit across.

Row 51: K1, SSK, YO, SSK, K 27, K2 tog, YO, K2 tog, K1: 35 sts.

Row 52: Knit across.

Row 53: K1, SSK, YO, SSK, K 25, K2 tog, YO, K2 tog, K1: 33 sts.

Row 54: Knit across.

Row 55: K1, SSK, (YO, SSK) twice, K 19, K2 tog, (YO, K2 tog) twice, K1: 31 sts.

Row 56: Knit across.

Row 57: Bind off 2 sts, SSK, YO, SSK, K 17, K2 tog, YO, K2 tog, K3: 27 sts.

Row 58: Bind off 2 sts, knit across: 25 sts.

Row 59: K2, YO, SSK, K 17, K2 tog, YO, K2.

Row 60: Knit across.

Rows 61 and 62: Repeat Rows 59 and 60.

Row 63: K1, SSK, YO, SSK, K 15, K2 tog, YO, K2 tog, K1: 23 sts.

Row 64: Knit across.

Row 65: K1, SSK, YO, SSK, K 13, K2 tog, YO, K2 tog, K1: 21 sts.

Row 66: Knit across.

Row 67: K1, (SSK, YO) 4 times, slip 1, K2 tog, PSSO, (YO, K2 tog) 4 times, K1: 19 sts.

Row 68: Knit across.

Row 69: K1, SSK, K 13, K2 tog, K1: 17 sts.

Rows 70 and 71: Knit across.

Bind off remaining sts in **knit**.

14. SHIPSHAPE

Shown on Back Cover.

Finished Size: 9" (23 cm) square

DISHCLOTH

Cast on 37 sts.

Rows 1 and 2: Knit across.

Row 3: K1, SSK *(Figs. 5a-c, page 2)*, YO *(Fig. 2, page 2)*, K1, ★ YO, K2 tog *(Fig. 3, page 2)*; repeat from ★ across to last st, K1.

Row 4: Knit across.

Row 5: K1, SSK, YO, K 31, YO, K2 tog, K1.

Row 6: Knit across.

Rows 7-10: Repeat Rows 5 and 6 twice.

Row 11: K1, SSK, YO, K3, K2 tog, YO, K1, YO, SSK, (K5, K2 tog, YO, K1, YO, SSK) twice, K3, YO, K2 tog, K1.

Row 12: Knit across.

Row 13: K1, SSK, YO, K2, K2 tog, YO, K3, YO, SSK, (K3, K2 tog, YO, K3, YO, SSK) twice, K2, YO, K2 tog, K1.

Row 14: Knit across.

Row 15: K1, SSK, YO, K1, (K2 tog, YO, K5, YO, SSK, K1) 3 times, YO, K2 tog, K1.

Row 16: Knit across.

Row 17: K1, SSK, YO, K3, K2 tog, YO, K1, YO, SSK, (K5, K2 tog, YO, K1, YO, SSK) twice, K3, YO, K2 tog, K1.

Row 18: Knit across.

Rows 19 and 20: Repeat Rows 17 and 18.

Row 21: K1, SSK, YO, K 31, YO, K2 tog, K1.

Row 22: Knit across.

Rows 23-26: Repeat Rows 21 and 22 twice.

Row 27: K1, SSK, YO, K8, K2 tog, YO, K1, YO, SSK, K5, K2 tog, YO, K1, YO, SSK, K8, YO, K2 tog, K1.

Row 28: Knit across.

Row 29: K1, SSK, YO, K7, K2 tog, YO, K3, YO, SSK, K3, K2 tog, YO, K3, YO, SSK, K7, YO, K2 tog, K1.

Row 30: Knit across.

Row 31: K1, SSK, YO, K6, K2 tog, YO, K5, YO, SSK, K1, K2 tog, YO, K5, YO, SSK, K6, YO, K2 tog, K1.

Row 32: Knit across.

Rows 33-36: Repeat Rows 31 and 32 twice.

Row 37: K1, SSK, YO, K 31, YO, K2 tog, K1.

Row 38: Knit across.

Rows 39-42: Repeat Rows 37 and 38 twice.

Rows 43-58: Repeat Rows 11-26.

Row 59: K1, SSK, YO, K1, (YO, K2 tog) across to last st, K1.

Rows 60 and 61: Knit across.

Bind off all sts in **knit**.

20

15. DAPPER DAB

Shown on Back Cover.

Finished Size: 9" (23 cm) diameter

DISHCLOTH

When instructed to slip a stitch, always slip as if to **knit**.

Cast on 16 sts, leaving a 12" (30.5 cm) yarn end.

Row 1 (Right side): Slip 1, K 11, K2 tog *(Fig. 3, page 2)*, YO *(Fig. 2, page 2)*, K1, YO, K1: 17 sts.

Row 2: K 16, leave remaining st unworked.

Row 3: Turn; slip 1, K9, K2 tog, YO, K3, YO, K1: 18 sts.

Row 4: K 16, leave remaining 2 sts unworked.

Row 5: Turn; slip 1, K7, (K2 tog, YO) twice, K1, YO, SSK, YO, K1: 19 sts.

Row 6: K 16, leave remaining 3 sts unworked.

Row 7: Turn; slip 1, K5, (K2 tog, YO) twice, K3, YO, SSK, YO, K1: 20 sts.

Row 8: K 16, leave remaining 4 sts unworked.

Row 9: Turn; slip 1, K8, K2 tog, YO, K5: 20 sts.

Row 10: K 15, leave remaining 5 sts unworked.

Row 11: Turn; slip 1, K4, (YO, SSK) twice, K1, (K2 tog, YO) twice, K1: 20 sts.

Row 12: K 14, leave remaining 6 sts unworked.

Row 13: Turn; slip 1, K4, YO, SSK, YO, [slip 1, K2 tog, PSSO *(Figs. 6a & b, page 2)*], (YO, K2 tog) twice: 19 sts.

Row 14: K 12, leave remaining 7 sts unworked.

Row 15: Turn; slip 1, K4, YO, SSK, K1, K2 tog, YO, K2 tog: 18 sts.

Row 16: K 10, leave remaining 8 sts unworked.

Row 17: Turn; slip 1, K4, YO, slip 1, K2 tog, PSSO, YO, K2 tog: 17 sts.

Row 18: K8, leave remaining 9 sts unworked.

Row 19: Turn; slip 1, K5, K2 tog: 16 sts.

Row 20: Knit across.

Row 21: Slip 1, K 11, K2 tog, (YO, K1) twice: 17 sts.

Row 22: K 16, leave remaining st unworked.

Rows 23-159: Repeat Rows 3-22, 6 times; then repeat Rows 3-19 once **more**: 16 sts.

Bind off remaining sts in **knit**, leaving a long end for sewing.

FINISHING

With **wrong** side facing and using long end, whipstitch Row 1 and Row 159 together to form a circle.

Weave long end from cast on through center of Dishcloth and draw up tightly to close; secure yarn end.

Each Dishcloth in this leaflet was made using Lily® Sugar 'n Cream 100% Cotton worsted weight yarn. Any brand of 100% Cotton worsted weight yarn may be used. It is best to refer the yardage/meters when determining how many balls or skeins to purchase. Remember, to arrive at the finished size, it is the GAUGE/TENSION that is most important, not the brand of yarn.

For your convenience, listed below are the specific colors used to create our photography models.

1. SPLISH-SPLASH

#101 Soft Gold

2. RUB & SCRUB

#26 Light Blue

3. SOAP 'EM UP

#1131 Celadon

4. PUT IN ORDER

#42 Tea Rose

5. QUICK CLEAN

#93 Soft Violet

6. TIDY TIME

#74 Blueberry

7. CLEAN & SHINE

#26 Light Blue

8. SPOT-FREE

#93 Soft Violet

9. CLEAN AS A WHISTLE

#5 Eggshell

10. WASH UP

#5 Eggshell

11. FLORAL FRESH

#10 Yellow

12. NEAT & TRIM

#1131 Celadon

13. PRIM & PROPER

#5 Eggshell

14. SHIPSHAPE

#5 Eggshell

15. DAPPER DAB

#47 Baby Pink

We have made every effort to ensure that these instructions are accurate and complete. We cannot, however, be responsible for human error, typographical mistakes, or variations in individual work.

Production Team: Instructional Editor - Susan Ackerman Carter; Technical Editor - Lois J. Long; Graphic Artist - Faith Lloyd; and Photo Stylist - Janna Laughlin.

Dishcloths made and instructions tested by Anitta Armstrong, Kay Meadors, and Margaret Taverner.

5

1

2

6

15

Y0-DSL-273

#3394

0 28906 0339

MADE IN U.S.A.

roll Ledger

Date	Page #

Date	Check No.	Gross Pay	Total Deductions	Net Pay	Taxes With held

Payroll Ledger
Record Logbook